AF414334

وعَلَّقَتْ عَلى بابِها أُخْطُبوطًا يَقول: «أَنا مَشْغولٌ!».

تَنَهَّدَتْ «مَنار»: «لااااااااااا، أنا لَسْتُ أُخْطُبوطًا!

سَأَقْرَأُ قِصَّتي أَوَّلًا، وبَعْدَها سَأَبْدَأُ بِالمَهامِّ الأَكْبَرِ فَالأَصْغَرِ».

قالَ «عَمَّار»: «أَلَنْ تُساعِديني الآنَ في حَلِّ الواجِبِ الجَديد؟».

قالَتْ أُمُّها مِنْ بَعيدٍ: «أَلَنْ تُصْلِحي حاسوبي؟».

وقالَ أبوها: «وماذا عَنِ الحَديقَة؟».

جأَةً، امْتَدَّتْ يَدُ «عَمّار» أمامَها وفيها قِصَّتُها، وقال: «هَلْ هَذِهِ القِصَّةُ
كِ؟ وَجَدْتُها في حَقيبَتي عِنْدَما أخْرَجْتُ مِنْها دَفْتَري».

نَمَزَتْ «مَنار» بِحَماسَةٍ: «قِصَّتي! لا بُدَّ أنَّني أضَعْتُها عِنْدَما كُنْتُ

خْطُبوطًا. شُكْرًا يا عَمّار».

ثُمَّ كَتَبَتْ عَلى لَوْحِها المَهامَّ كُلَّها، ولَغَتْ «إطْعامَ لولو وتَرتيبَ الغُرْفَة» بَعْدَما انْتَهَتْ مِنْهُما:

ـ البَحْث عَنْ قِصَّتي.

ـ حاسوب أُمّي.

ـ رَيّ الحَديقَةِ مَعَ أبي.

ـ فُرْض «عَمّار» المَدْرَسِيّ.

لَوْحٌ كَبيرٌ، بْيانو كَبيرٌ، دُبٌّ كَبيرٌ!
كُرَةٌ أَصغَرَ، كُتُبٌ أَصغَرَ، دُمَى أَصغَرَ!
مُكَعَّباتٌ صَغيرَةٌ، أَقلامٌ صَغيرَةٌ، رَبْطاتُ شَعْرٍ صَغيرَةٌ!
قالَتْ «مَنار» حينَ قَفَزَتْ «لولو» في حِضْنِها: «أخيرًا وَجَدْتُكِ، إلَيْكِ
طَعامَكِ يا صَغيرَتي».

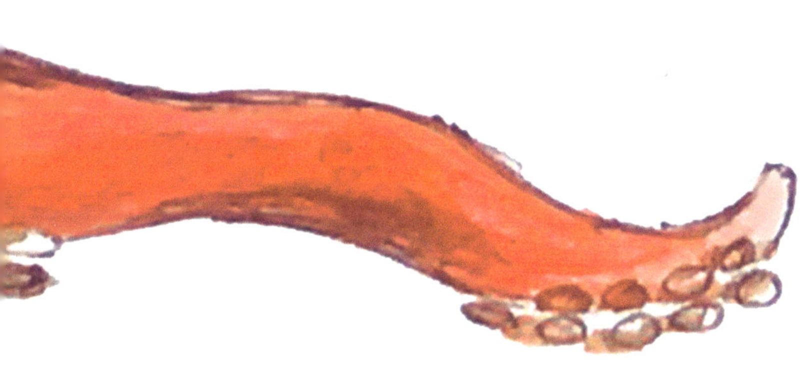

«مْيااااااو»، سَمِعَتْ «مَنار» «لولو» تُناديها مِنْ داخِلِ كُوَمِ الكَراكيب، فَقالَت: «أنا قادِمَةٌ لِإنْقاذِكِ يا لولو. ولَكِن، كَيْفَ سَأَجِدُها في هَذِهِ الكَوْكَبَة؟! رُبَّما يَجِبُ أَنْ أُزيحَ الكَراكيبَ الأَكْبَرَ أَوَّلًا، ثُمَّ الأَصْغَرَ فَالأَصْغَرَ...».

ميا االو
أ ب ت ث ج ح خ

فَكَّرَتْ «مَنار»: «عَلَيَّ أنْ أجِدَ لولو وأُطْعِمَها. وعَلَيَّ أيضًا أنْ أجِدَ قِصَّتي، أُرَتِّبَ خِزانَتي وأُساعِدَ أُمّي، أبي وعَمّار... هَذا كُلُّهُ لِوَحْدي!

أنا لَسْتُ أُخْطُبوطًا!!!».

«مَاذَا حَدَثَ لِخِزَانَتِي؟! مَامَا لِمَ لَمْ تُرَتِّبِي خِزَانَتِي؟!».
فَرَدَّتْ أُمُّها: «انْشَغَلْتُ بِتَصْلِيحِ الحَاسُوبِ الَّذِي انْتَظَرَكِ طَوِيلًا!».

فَاقْتَرَبَتْ مِنْها بِحَذَرٍ لِتَفْتَحَها، فَتَساقَطَ عَلَيْها كُلُّ ما فيها حَتّى تَغَطَّتْ بِأكوامِ الكَراكيب، وصاحَت:

قال: «أنا مَشْغولٌ في حَلِّ الفَرْضِ المَدْرَسِيِّ الصَّعْبِ وَحْدي».

فَسَمِعَتْ صَوْتَ خَشْخَشَةٍ في خِزانَتِها...

فَتَحَتْ دُرْجَها، فَنَطَّتْ مِنْهُ «لولو»، ثُمَّ هَرَبَتْ تارِكَةً بَقايا البَسْكَويتِ وَراءَها.

صَرَخَتْ «مَنار»: «لولو، لِماذا أَكَلْتِ بَسْكَويتي أَيَّتُها المُشاكِسَة؟!

تَعالي إلى هُنا».

لَكِنَّها تَذَكَّرَتْ أَنَّها لَمْ تُطْعِمْها شَيْئًا مُنْذُ الصَّباح.

فَراحَتْ تَبْحَثُ عَنْها، ولَكِنَّها اخْتَبَأَت.

سَأَلَتْ «عَمَّار»: «لِمَ لَمْ تُطْعِمْ لولو يا عَمَّار؟!».

عَلى المَكْتَب، لَمْ تَجِدْها.

عَلى السَّرير، لَمْ تَجِدْها...

بَعْدَ عَوْدَتِها إلى المَنْزِل،
دَخَلَتْ إلى غُرْفَتِها لِتَرْتاحَ وتُكْمِلَ قِصَّتَها،
لَكِنَّها لَمْ تَجِدْها...
بَحَثَتْ عَنْها في كُلِّ مَكانٍ.

«بابا، لِماذا لَمْ تُذَكِّرْني بِتَمْرينِ السِّباحَةِ كَما تَفْعَلُ دائِمًا؟!».
فَقال: «أنا مَشْغولٌ بِرَيِّ الحَديقَةِ وَحْدي!».
لَمْلَمَتْ «مَنار» أغْراضَها بِسُرْعَةٍ،
وانْطَلَقَتْ إلى التَّمْرينِ.

فَصاحَت: «نَسيتُ مَوْعِدَ تَمْرينِ السِّباحَة!».

وفي أَحَدِ الأَيّامِ، وبَيْنَما هِيَ مُسْتَلْقِيَةٌ عَلى الكَنَبَةِ تَسْتَمْتِعُ بِالرّاحَةِ مِنْ كَثْرَةِ الطَّلَبات، نَزَلَتْ قِطَّتُها «لولو» لِشُرْبِ الماءِ مِنْ صَحْنِها، ورَشَّتْ بَعْضَهُ عَلى «مَنار».

ماذا سَيَفْعَلونَ لَوْ كُنْتُ لا أَعْرِفُ شَيْئًا؟!

نَعَم، أنا لا أَعْرِفُ شَيْئًا مِنَ اليَوْمِ فَصاعِدًا».

تَمْتَمَتْ «مَنار»: «مَنار ساعِديني... مَنار صَلِّحي لي...

أنا لَسْتُ أُخْطُبوطًا!

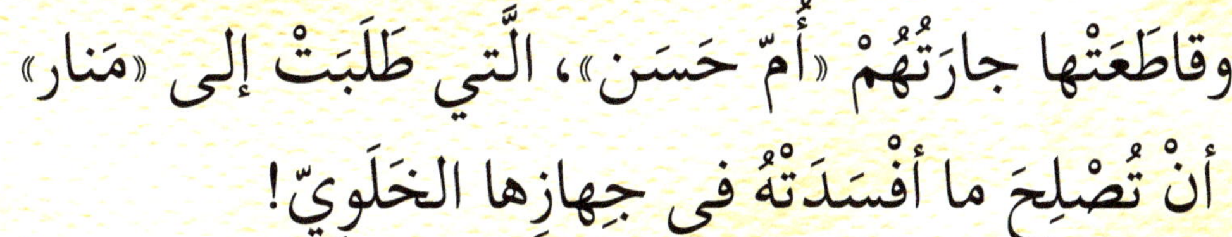

وقاطَعَتْها جارَتُهُمْ «أُمّ حَسَن»، الَّتي طَلَبَتْ إلى «مَنار» أَنْ تُصْلِحَ ما أَفْسَدَتْهُ في جِهازِها الخَلَوِيّ!

لَكِنَّ أُمَّها نادَتْها قَبْلَ وُصولِها: «مَناااار، ساعِديني.
لا أَعْرِفُ لِماذا حاسوبي لا يَعْمَلُ اليَوْم!».

فَتَحَتِ الكِتاب، فَأَفْزَعَها نِداءُ أخيها: «مَناار،
ساعِديني في حَلِّ الفَرْضِ المَدْرَسِيّ».
فَساعَدَتْه، ثُمَّ رَجِعَتْ إلى غُرْفَتِها.

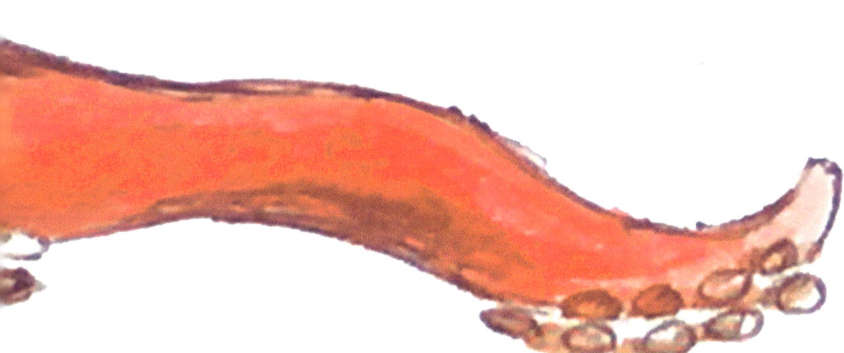

مننننن

جَلَسَتْ «مَنار» تَقْرَأُ قِصَّتَها المُفَضَّلَةَ بَعْدَ الغَداء،
فَتَحَتِ الغِلافَ وجَذَبَتْها أَلْوانُ دَوّارِ الشَّمْسِ الزّاهِيَة،
فَاقْتَرَبَتْ مِنَ الكِتابِ تَتَأَمَّلُ جَمالَها.
ثُمَّ قَفَزَتْ مِنْ صَوْتِ أَبيها يُناديها: «مَنااار،
ساعِديني في رَيِّ الحَديقَة».
فَساعَدَتْه، وعادَتْ لِتُكْمِلَ قِصَّتَها.

مناراااا

عِنْدَما كُنْتُ أُخْطُبوطًا

تأليف: ندى أبو الذهب

رسم: آية شعراوي